あなたの心と体を守る

性の知識 2

〜生命の安全教育〜

加害者・被害者・傍観者にならないために

監修
艮 香織

ポプラ社

はじめに

〜この本《ほん》を手《て》にとってくださったみなさまへ

2023年《ねん》4月《がつ》から「生命（いのち）の安全教育《あんぜんきょういく》」が全国《ぜんこく》の学校《がっこう》で始《はじ》まりました。

これは、だれもが性犯罪《せいはんざい》や性暴力《せいぼうりょく》の被害者《ひがいしゃ》、加害者《かがいしゃ》、傍観者《ぼうかんしゃ》にならないための学《がく》習《しゅう》です。

性暴力《せいぼうりょく》とは、次《つぎ》の権利《けんり》が守《まも》られないことです。

・わたしの体《からだ》はわたしのものである

・体《からだ》や心《こころ》、人間関係《にんげんかんけい》のことをたくさん学《まな》んで、どうするかを自分《じぶん》で選《えら》んで決《き》めることができる

これは人権《じんけん》に大《おお》きくかかわることです。でも残念《ざんねん》ながら、この世界《せかい》には人権《じんけん》が十分《じゅうぶん》に大切《たいせつ》にされているとはいえないことがまだまだたくさんあります。

そこで、人権《じんけん》を大切《たいせつ》にした社会《しゃかい》づくりのために、いろいろな大人《おとな》たちが考《かんが》え、話《はな》しあって、この本《ほん》を作《つく》りました。人権《じんけん》が大切《たいせつ》にされれば、性暴力《せいぼうりょく》の被害者《ひがいしゃ》、加《か》害者《がいしゃ》、傍観者《ぼうかんしゃ》はいなくなるでしょう。

だれもが幸《しあわ》せに生《い》きるために、子《こ》どもも大人《おとな》も、いろいろな立場《たちば》の人《ひと》といっしょに、学《まな》びあえればと願《ねが》っています。あなたもぜひ参加《さんか》してください。

艮《うしとら》　香織《かおり》（宇都宮大学教員《うつのみやだいがくきょういん》、性教育《せいきょういく》・人権教育《じんけんきょういく》を研究《けんきゅう》している大人《おとな》）

先生《せんせい》・保護者《ほごしゃ》の方《かた》へ

性犯罪《せいはんざい》・性暴力対策《せいぼうりょくたいさく》の一環《いっかん》である「生命（いのち）の安全教育《あんぜんきょういく》」事業《じぎょう》が、2023年《ねん》4月《がつ》から本格実施《ほんかくじっし》となりました。子《こ》どもたちが性犯罪《せいはんざい》・性暴力《せいぼうりょく》の被害者《ひがいしゃ》、加害者《かがいしゃ》、傍観者《ぼうかんしゃ》にならないための教育《きょういく》で、全国《ぜんこく》の学校《がっこう》で進《すす》められています。

この取《と》り組《く》みは、子《こ》どもたちの発達段階《はったつだんかい》や学校《がっこう》の状況《じょうきょう》をふまえて、各学校《かくがっこう》の判断《はんだん》で教育課程内外《きょういくかていないがい》の活動《かつどう》を通《とお》して実施《じっし》することができます。また、教材《きょうざい》の内容《ないよう》は各学校《かくがっこう》や地域《ちいき》の状況等《じょうきょうとう》に応《おう》じて、適宜加除《てきぎかじょ》や改変《かいへん》を行《おこな》った上《うえ》での使用《しよう》も可能《かのう》となっています。つまりは学校《がっこう》や地域《ちいき》の裁量《さいりょう》にゆだねられています。とはいえ、子《こ》どもや地域《ちいき》の現状《げんじょう》にあわせて編成《へんせい》をといながらも、何《なに》を大切《たいせつ》にして、どのように進《すす》めたらよいか、迷《まよ》っておられる先生《せんせい》や学校《がっこう》もあるのではないかと思《おも》います。

国連《こくれん》の組織《そしき》「UN Women」による性暴力《せいぼうりょく》の定義《ていぎ》（2012）は、「bodily integrity とsexual autonomy の侵害《しんがい》」とされています。bodily integrity は「わたしの体《からだ》はわたしのものであるということ（誰《だれ》にも侵害《しんがい》されない：身体保全《しんたいほぜん》）」、sexual autonomy は「性《せい》に関《かん》する情報《じょうほう》を得《え》た上《うえ》で、自分《じぶん》で選《えら》び、決定《けってい》すること」という意味《いみ》であり、人権《じんけん》と切《き》り離《はな》せない用語《ようご》として成立《せいりつ》しています。そう考《かんが》えたとき、「生命（いのち）の安全教育《あんぜんきょういく》」を進《すす》めるにあたって、人権《じんけん》のしっかりとした理解《りかい》とセットで取《と》り組《く》む必要《ひつよう》があるといえます。

性暴力防止《せいぼうりょくぼうし》の取《と》り組《く》みを通《とお》して、子《こ》どもの権利《けんり》を保障《ほしょう》するとはどういうことなのか、そして先生《せんせい》や保護者《ほごしゃ》などの大人《おとな》で連携《れんけい》するとはどういうことなのか、あらためて見《み》つめることになります。

そして幼児期《ようじき》から青年期《せいねんき》にかけて、性暴力《せいぼうりょく》を切《き》り口《くち》とした性《せい》と人権《じんけん》の学《まな》びが積《つ》み重《かさ》ねられることによって、生涯《しょうがい》を通《つう》じた人権《じんけん》の理解《りかい》の基礎《きそ》となりうるのではないかと考《かんが》えています。子《こ》どもも大人《おとな》も、いろいろな立場《たちば》のみなさま、誰《だれ》もが幸《しあわ》せに生《い》きるためにどうすればよいかを学《まな》びあうために、この本《ほん》が活用《かつよう》されることを願《ねが》っています。

艮《うしとら》　香織《かおり》（宇都宮大学教員《うつのみやだいがくきょういん》）

もくじ

○×パン屋
○○クリニック

見《み》て、あいつらパンツ見《み》えそう
うわ本当《ほんとう》だ！
ヒソヒソ
写真《しゃしん》とっちゃおうぜ
え！ん
さすがにダメでしょ
どうせバレないって
早《はや》く早《はや》く
まぁバレないか

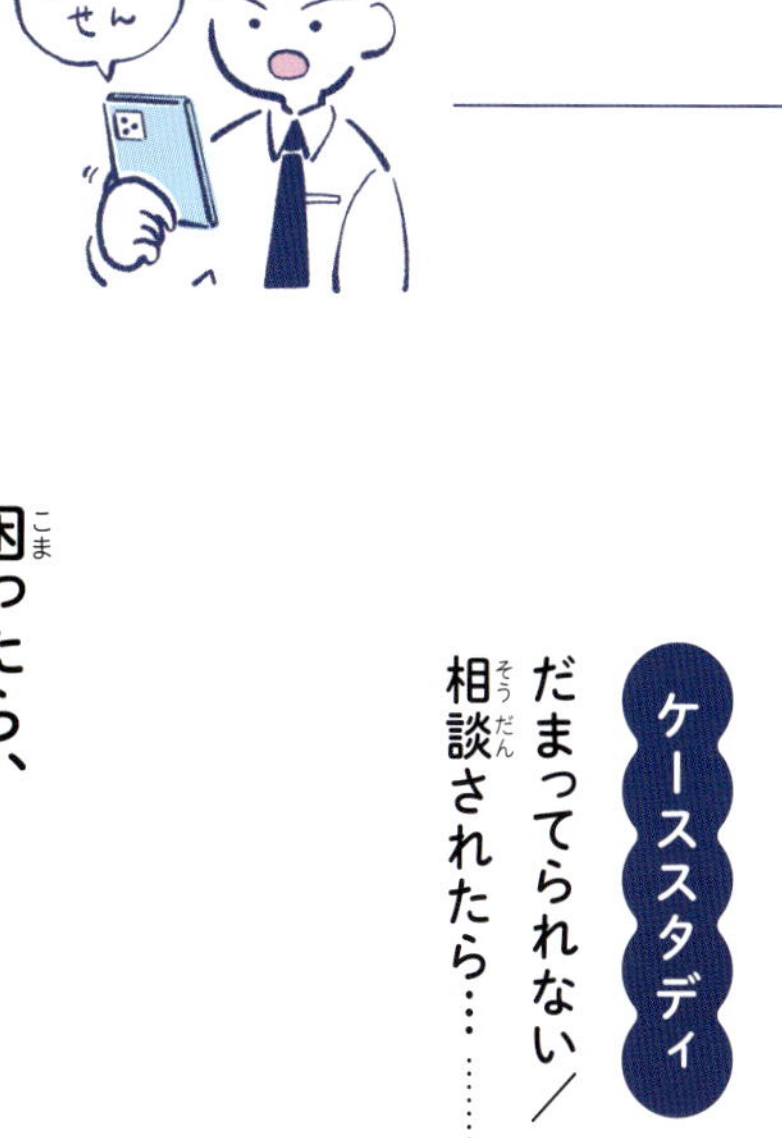

この本《ほん》でアドバイスしてくださる先生《せんせい》

いろいろな立場《たちば》の方々《かたがた》から「ケーススタディ」のまんがについて解説《かいせつ》していただきました。

内田《うちだ》 絵梨《えり》さん

岡《おか》 恵《めぐみ》さん

「NPO《エヌピーオー》法人《ほうじん》ぱっぷす」という支《し》援団体《えんだんたい》で、おもにデジタル性暴《せいぼう》力《りょく》の被害者《ひがいしゃ》を助《たす》ける活動《かつどう》をしています。

遠藤《えんどう》 真紀子《まきこ》さん

中学校養護教諭《ちゅうがっこうようごきょうゆ》。保健室《ほけんしつ》で病気《びょうき》やけがの手当《てあ》てをするほか、生《せい》徒《と》のなやみを聞《き》いたりいっしょに考《かんが》えたりしています。

上谷《かみたに》 さくらさん

弁護士《べんごし》。性犯罪《せいはんざい》の被害者《ひがいしゃ》を助《たす》ける仕事《しごと》をしています。

杉浦《すぎうら》 恵美子《えみこ》さん

スクールカウンセラー。中学校《ちゅうがっこう》で、みんなの話《はなし》や困《こま》ったことをていねいに聞《き》いて、解決《かいけつ》に向《む》けていっしょに考《かんが》えています。

「性《せい》暴《ぼう》力《りょく》」は人《じん》権《けん》しんがいです

だれもがみんな幸《しあわ》せに生《い》きる権《けん》利《り》を持《も》っています。
言《い》いかえると、自《じ》分《ぶん》でいろいろなことを考《かんが》え、
決《き》めて、多《おお》くの人《ひと》とかかわりながら成《せい》長《ちょう》できること。
そのために必《ひつ》要《よう》な社《しゃ》会《かい》の仕《し》組《く》みが
用《よう》意《い》されているということです。
そして、あなたの体《からだ》のことを決《き》められるのは
あなただけです。だれがさわっていいか
心《ここ》地《ち》よい人《にん》間《げん》関《かん》係《けい》をどうやってつくるか
それを決《き》められるのはあなただけ、ということです。
これが守《まも》られていないことは暴《ぼう》力《りょく》を受《う》けているということであり
人《じん》権《けん》しんがいです。
この本《ほん》で、性《せい》暴《ぼう》力《りょく》の加《か》害《がい》者《しゃ》に、被《ひ》害《がい》を受《う》ける被《ひ》害《がい》者《しゃ》に、
被《ひ》害《がい》をそのまま見《み》過《す》ごす傍《ぼう》観《かん》者《しゃ》にならないよう
必《ひつ》要《よう》な知《ち》識《しき》を学《まな》びましょう。
それがみんなの人《じん》権《けん》を守《まも》ることにつながります。

人権を守る
暴力は許さない

「性《せい》暴《ぼう》力《りょく》」ってどんなもの？

あなたの体《からだ》はあなただけのもので、ほかの人《ひと》が勝手《かって》にさわったり、じろじろ見《み》たりしてはいけません。そんなあなたの「体《からだ》の権利《けんり》」を、あなたの同意《どうい》なしにやぶることが「性暴力《せいぼうりょく》」です。たとえば、同意《どうい》なく下《した》のようなことをするのはすべて性暴力《せいぼうりょく》になります。

性暴力《せいぼうりょく》をするのは、知《し》らない人《ひと》だけではありません。知《し》っている人《ひと》、親《した》しい人《ひと》がしてくることもあります。また、被害《ひがい》を受《う》ける側《がわ》の性別《せいべつ》は関係《かんけい》ありません。

- 写真《しゃしん》をとる
- 体《からだ》にさわる
- 体《からだ》をさわらせようとする
- とじこめてにげられないようにする
- 性的《せいてき》な画像《がぞう》や動画《どうが》を見《み》せる
- じろじろ見《み》る
- いやらしいことを言《い》う
- だきつく
- 体《からだ》のことをからかう
- 体《からだ》を見《み》せようとする
- キスをする

性《せい》犯《はん》罪《ざい》についての法《ほう》律《りつ》が変《か》わりました

指導《しどう》
弁護士《べんごし》
上谷《かみたに》さくら

「法律《ほうりつ》」とは国《くに》が定《さだ》めたルールです。みんながルールを守《まも》ることで、だれもが権利《けんり》を守《まも》られ、自由《じゆう》に生活《せいかつ》していくことができます。

法律《ほうりつ》のなかに「刑法《けいほう》」があります。刑法《けいほう》では、どんなことをしたら犯罪《はんざい》になり、その場合《ばあい》にどんな刑《けい》になるのかが定《さだ》められています。

2023（令和《れいわ》5）年《ねん》に性犯罪《せいはんざい》に関《かん》する刑法《けいほう》や刑事訴訟法《けいじそしょうほう》などの刑事法《けいじほう》が変《か》わりました。大《おお》きなものが下《した》の5点《てん》です。

法律《ほうりつ》は知《し》っている人《ひと》しか守《まも》ってくれません。何《なに》が犯罪《はんざい》になるのかを知《し》らないと、自分《じぶん》が被害《ひがい》を受《う》けたことに気《き》がつけず、相談《そうだん》することもできません。ちかんや盗撮《とうさつ》は犯罪《はんざい》です。SNS《エスエヌエス》の発達《はったつ》で、やさしいふりをした大人《おとな》がわいせつ目的《もくてき》で子《こ》どもに近《ちか》づくことも増《ふ》えました。

被害《ひがい》を受《う》けたら、専門機関《せんもんきかん》や警察《けいさつ》に相談《そうだん》すれば守《まも》ってもらえます。性犯罪《せいはんざい》にはどんなものがあるのか、知《し》っておきましょう。

2023（令和《れいわ》5）年《ねん》の刑法改正《けいほうかいせい》で変《か》わったこと

1 強制性交等罪《きょうせいせいこうとうざい》が不同意性交等罪《ふどういせいこうとうざい》になった

同意《どうい》なしの性的行為《せいてきこうい》は犯罪《はんざい》になると明確化《めいかくか》された ➡ 9ページ

2 性的同意年齢《せいてきどういねんれい》が13歳《さい》から16歳《さい》に

16歳未満《さいみまん》の子《こ》に性的行為《せいてきこうい》をしたら犯罪《はんざい》に ➡ 9ページ

3 面会要求等罪《めんかいようきゅうとうざい》ができた

わいせつ目的《もくてき》で会《あ》うことや、性的《せいてき》な写真《しゃしん》を送《おく》ることを要求《ようきゅう》したら犯罪《はんざい》に ➡ 10ページ

4 撮影罪《さつえいざい》、提供罪《ていきょうざい》ができた

性的《せいてき》な部位《ぶい》や下着《したぎ》の盗撮《とうさつ》や、そのような写真《しゃしん》の提供《ていきょう》は犯罪《はんざい》に ➡ 11ページ

5 訴《うった》えられる期間《きかん》が延長《えんちょう》された

未成年《みせいねん》の間《あいだ》は時効《じこう》は進《すす》まない ➡ 11ページ

1

不同意《ふどうい》わいせつ罪《ざい》、不同意性交等罪《ふどういせいこうとうざい》の変更《へんこう》

同意《どうい》なしの性的行為《せいてきこうい》は犯罪《はんざい》です

相手《あいて》が「いや」と思《おも》うこと、「いや」と言《い》うこと、「いや」をつらぬくことがむずかしい状態《じょうたい》で性的《せいてき》なことをすると、不同意《ふどうい》わいせつ罪《ざい》、不同意性交等罪《ふどういせいこうとうざい》として処罰《しょばつ》されます。

これまでの法律《ほうりつ》では、どのような場合《ばあい》に犯罪《はんざい》になるのか、はっきり決《き》まっていなかったため、検察官《けんさつかん》や裁判官《さいばんかん》の個人差《こじんさ》で犯罪《はんざい》になったりならなかったりすることがありました。そこで「同意《どうい》のない性行為《せいこうい》」は犯罪《はんざい》であると明確《めいかく》にしました。

不同意《ふどうい》かどうかを判断《はんだん》する基準例《きじゅんれい》

1 暴行《ぼうこう》または脅迫《きょうはく》された
2 心身《しんしん》の障害《しょうがい》がある
3 アルコールまたは薬物《やくぶつ》の障害《しょうがい》がある
4 睡眠《すいみん》、そのほかの意識《いしき》がはっきりしないとき
5 性的行為《せいてきこうい》がなされようとしていることを認識《にんしき》してから性的行為《せいてきこうい》がなされるまでの間《あいだ》に、同意《どうい》するかどうかを決《き》める時間《じかん》がないとき
6 予想外《よそうがい》の出来事《できごと》などで、恐怖《きょうふ》や驚《おどろ》きで体《からだ》が動《うご》かない、声《こえ》が出《で》ないとき
7 虐待《ぎゃくたい》を受《う》けていて、反抗《はんこう》する気力《きりょく》がない、こわくて言《い》いなりになるようなとき
8 経済的《けいざいてき》、社会的上下関係《しゃかいてきじょうげかんけい》（先生《せんせい》と生徒《せいと》、先輩《せんぱい》と後輩《こうはい》、上司《じょうし》と部下《ぶか》など）の影響《えいきょう》で、不都合《ふつごう》が起《お》きる不安《ふあん》があるとき

2

「性的同意年齢《せいてきどういねんれい》」が13歳《さい》から16歳《さい》に

16歳未満《さいみまん》の子《こ》どもに性的行為《せいてきこうい》をしたら犯罪《はんざい》になります

「性的同意年齢《せいてきどういねんれい》」とは、性的《せいてき》なことをするのに同意《どうい》する能力《のうりょく》があるとされる年齢《ねんれい》のことです。これまでの法律《ほうりつ》では13歳《さい》だったのが、16歳《さい》になりました。

そのため性犯罪《せいはんざい》の被害者《ひがいしゃ》が16歳未満《さいみまん》のときは、同意《どうい》していたとしても、原則《げんそく》として犯罪《はんざい》が成立《せいりつ》します。

ただし、13〜15歳《さい》の場合《ばあい》は相手《あいて》が5歳以上年上《さいいじょうとしうえ》でないと、犯罪《はんざい》にはなりません。このことを「5歳差要件《さいさようけん》」といいますが、これにはまだ問題点《もんだいてん》があるとされています。

例《れい》 性的行為《せいてきこうい》があれば犯罪《はんざい》になる場合《ばあい》

・被害者《ひがいしゃ》が12歳以下《さいいか》だと無条件《むじょうけん》で
・13歳《さい》と18歳以上《さいいじょう》
・14歳《さい》と19歳以上《さいいじょう》
・15歳《さい》と20歳以上《さいいじょう》
年長者《ねんちょうしゃ》が加害者《かがいしゃ》になる

例《れい》 5歳差要件《さいさようけん》では犯罪《はんざい》にならない場合《ばあい》

・13歳《さい》と17歳《さい》
・14歳同士《さいどうし》　など

「面会要求等罪《めんかいようきゅうとうざい》」ができた

3 16歳未満《さいみまん》の子《こ》どもにわいせつ目的《もくてき》で会《あ》おう、性的《せいてき》な写真《しゃしん》を送《おく》れと言《い》ったら犯罪《はんざい》になります

16歳未満《さいみまん》の子《こ》どもにわいせつな目的《もくてき》で会《あ》うことや、性的《せいてき》な写真《しゃしん》を送《おく》ることを要求《ようきゅう》したら犯罪《はんざい》になる法律《ほうりつ》ができました。SNS《エスエヌエス》の影響《えいきょう》で性被害《せいひがい》が増《ふ》えていることから作《つく》られたもので、これにも「5歳差要件《さいさようけん》（→9ページ）」が適用《てきよう》されます。

16歳未満《さいみまん》の子《こ》どもにわいせつ目的《もくてき》で、断《ことわ》っているのにしつこく「会《あ》おう」とくり返《かえ》したり、「ほしいものをあげるから会《あ》おう」などとメッセージを送《おく》ったりしたら、実際《じっさい》に会《あ》わなくても犯罪《はんざい》が成立《せいりつ》します。会《あ》って何《なに》もしていない場合《ばあい》でも犯罪《はんざい》になります。はだか姿《すがた》や下着姿《したぎすがた》などの「画像《がぞう》を送《おく》って」と、メッセージを送《おく》った場合《ばあい》も同《おな》じで、被害者《ひがいしゃ》が画像《がぞう》を送《おく》っていない場合《ばあい》でも、要求《ようきゅう》しただけで罪《つみ》になります。

重要《じゅうよう》！

「会《あ》おう」「写真《しゃしん》を送《おく》って」というメッセージが届《とど》いたら、それが証拠《しょうこ》になります。削除《さくじょ》せずに警察《けいさつ》に相談《そうだん》してください。

勝手《かって》にとったら
犯罪《はんざい》です
パシャ

届《とど》いた画像《がぞう》を
転送《てんそう》したら
犯罪《はんざい》です
これやばい！
なになに
おくって〜

重要《じゅうよう》！

もし、プライベートパーツや下着姿《したぎすがた》の写真《しゃしん》が送《おく》られてきたら、だれにも送《おく》らず、大人《おとな》に相談《そうだん》しましょう。

4 撮影罪《さつえいざい》、提供罪《ていきょうざい》ができた

盗撮《とうさつ》は犯罪《はんざい》、とった画像《がぞう》を提供《ていきょう》するのも犯罪《はんざい》です

スカートの中《なか》や着替《きが》え姿《すがた》を盗撮《とうさつ》したり、インターネットに流出《りゅうしゅつ》させたりする事件《じけん》が増《ふ》えたため、撮影罪《さつえいざい》や提供罪《ていきょうざい》ができました。人《ひと》のプライベートパーツや下着姿《したぎすがた》などをひそかに撮影《さつえい》する、だまして撮影《さつえい》する、無理《むり》やり撮影《さつえい》するのが「撮影罪《さつえいざい》」。正当《せいとう》な理由《りゆう》がなく、16歳未満《さいみまん》の子《こ》どものプライベートパーツなどを撮影《さつえい》した場合《ばあい》も罪《つみ》になります（5歳差要件《さいさようけん》［→9ページ］適用《てきよう》）。それらでとった写真《しゃしん》を人《ひと》に渡《わた》すのが「提供罪《ていきょうざい》」です。

さらに、盗撮《とうさつ》された画像《がぞう》などをパソコンなどに保存《ほぞん》したり、持《も》っていたりするのも罪《つみ》となり、画像《がぞう》はコピーも含《ふく》めて消去《しょうきょ》・破棄《はき》することができるようになりました。

5 加害者《かがいしゃ》を訴《うった》えられる期間《きかん》が延長《えんちょう》された

性犯罪《せいはんざい》の被害《ひがい》にあってから訴《うった》えられる期間《きかん》が長《なが》くなりました

訴《うった》えたくても、時間《じかん》がたちすぎて罪《つみ》に問《と》えなくなる「公訴時効《こうそじこう》」というものがあります。

性被害《せいひがい》にあった人《ひと》は、被害《ひがい》にあったことを受《う》け入《い》れられない、心身《しんしん》の不調《ふちょう》が続《つづ》いている、というようなことから、すぐに警察《けいさつ》などに訴《うった》えないことがよくあります。ただ時間《じかん》がたって、あれは犯罪《はんざい》だった、やはり許《ゆる》せないと考《かんが》える人《ひと》は少《すく》なくありません。そのため訴《うった》えることができる期間《きかん》（公訴時効《こうそじこう》）が長《なが》くなりました。そして、未成年《みせいねん》の間《あいだ》は公訴時効《こうそじこう》は進《すす》みません。被害者《ひがいしゃ》が18歳《さい》になったときからの年数《ねんすう》になります。

時効《じこう》が短《みじか》すぎて罪《つみ》に問《と》えないことがよくあったため変更《へんこう》となりましたが、もっと長《なが》くするべきとの声《こえ》も多《おお》く上《あ》がっています。

知《し》っておきたい 1 大切《たいせつ》なこと

インターネットで多《おお》くの性《せい》被《ひ》害《がい》が起《お》きています

スマホは便利《べんり》ですが、安全《あんぜん》に楽《たの》しく使《つか》うために、注意《ちゅうい》しなければならないことがたくさんあります。

はだかや下着姿《したぎすがた》の写真《しゃしん》を送《おく》らされる被害《ひがい》が多《おお》い

「児童《じどう》ポルノ」にまつわる犯罪《はんざい》が多発《たはつ》しています。子《こ》どもの写真《しゃしん》や動画《どうが》を性的《せいてき》な興味《きょうみ》で見《み》たり持《も》っていたり、売《う》ったり買《か》ったりする犯罪《はんざい》です。

2023（令和《れいわ》5）年《ねん》では、被害児童《ひがいじどう》（画像《がぞう》にうつっている子《こ》ども）が※144人《にん》もいて、そのうちの約《やく》16％が小学生《しょうがくせい》、約《やく》40％が中学生《ちゅうがくせい》でした。

なかでも自分《じぶん》で撮影《さつえい》した画像《がぞう》での被害《ひがい》がもっとも多《おお》く、全体《ぜんたい》の約《やく》36％です。これは、だまされたりおどされたりして自《じ》分《ぶん》で下着姿《したぎすがた》やはだかを撮影《さつえい》し、メールで送《おく》ったことなどによるものです。

SNS《エスエヌエス》で知《し》りあった人《ひと》とのトラブルが増《ふ》えている

インターネットでいろいろな人《ひと》と交流《こうりゅう》できるサービスが「SNS《エスエヌエス》」ですが、S《エス》NS《エヌエス》がきっかけで起《お》こる、子《こ》どもの性被《せいひ》害《がい》が増《ふ》えています。なかでも増《ふ》えているのがSNS《エスエヌエス》で知《し》りあった人《ひと》と実際《じっさい》に会《あ》ったら、車《くるま》に乗《の》せられ連《つ》れ去《さ》られてしまったというような略取誘拐《りゃくしゅゆうかい》、そして無理《むり》やりおそわれたという不同意性交《ふどういせいこう》です。

SNS《エスエヌエス》では、子《こ》どもをだますために、うその年齢《ねんれい》や性別《せいべつ》を書《か》きこんでいるケースが多《おお》くあります。のせている写真《しゃしん》が別《べつ》人《じん》のものということもよくあります。プロフィールを信《しん》じてはいけません。

友《とも》だち同士《どうし》のやりとりがデジタルタトゥーになることも

水着姿《みずぎすがた》の写真《しゃしん》を友《とも》だちが拡散《かくさん》した、ふざけてとったキスの写真《しゃしん》をばらまくと元《もと》交際相手《こうさいあいて》におどされた、など写真《しゃしん》が原因《げんいん》で身近《みぢか》な人《ひと》との間《あいだ》に起《お》こるトラブルもあります。

インターネットに一度《いちど》のせたものは「デジタルタトゥー」といって、完全《かんぜん》に消《け》すことができず、将来《しょうらい》、自分《じぶん》に悪《わる》い影響《えいきょう》をおよぼすことがあります。

SNS《エスエヌエス》は、気軽《きがる》にやりとりできるだけに、慎重《しんちょう》に使《つか》う必要《ひつよう》があります。自分《じぶん》だけでなく、人《ひと》の写真《しゃしん》や情報《じょうほう》も大切《たいせつ》にあつかいましょう。

※警察《けいさつ》に届《とど》けられた数《かず》なので、実際《じっさい》にはこの何倍《なんばい》もの被害《ひがい》があると考《かんが》えられています。

SNS《エスエヌエス》がきっかけの性被害《せいひがい》の実際《じっさい》

警察庁《けいさつちょう》がまとめた、SNS《エスエヌエス》がきっかけで起《お》きた子《こ》どもの被害《ひがい》データです。
多《おお》くの被害《ひがい》が起《お》きています。

※「令和《れいわ》5年《ねん》における少年非行及《しょうねんひこうおよ》び子供《こども》の性被害《せいひがい》の状況《じょうきょう》」（警察庁生活安全局人身安全《けいさつちょうせいかつあんぜんきょくじんしんあんぜん》・少年課《しょうねんか》）より作成《さくせい》

●事件別《じけんべつ》の被害者《ひがいしゃ》の数《かず》（令和《れいわ》5年《ねん》）

青少年保護育成条例違反《せいしょうねんほごいくせいじょうれいいはん》	児童買春《じどうかいしゅん》	児童《じどう》ポルノ	重要犯罪《じゅうようはんざい》
534人《にん》	290人《にん》	592人《にん》	225人《にん》

- 青少年保護育成条例違反：子《こ》どもをだまして性的行為《せいてきこうい》をするなど
- 児童買春：金品《きんぴん》を渡《わた》して性的行為《せいてきこうい》をする
- 児童ポルノ：子《こ》どもの画像《がぞう》をだまして送《おく》らせたりする

重要犯罪の内訳

殺人《さつじん》	同意《どうい》のないわいせつ行為《こうい》	同意《どうい》のない性交等《せいこうとう》	略取誘拐《りゃくしゅゆうかい》
1人《ひとり》	33人《にん》	96人《にん》	95人《にん》

最初《さいしょ》に投稿《とうこう》したのは…

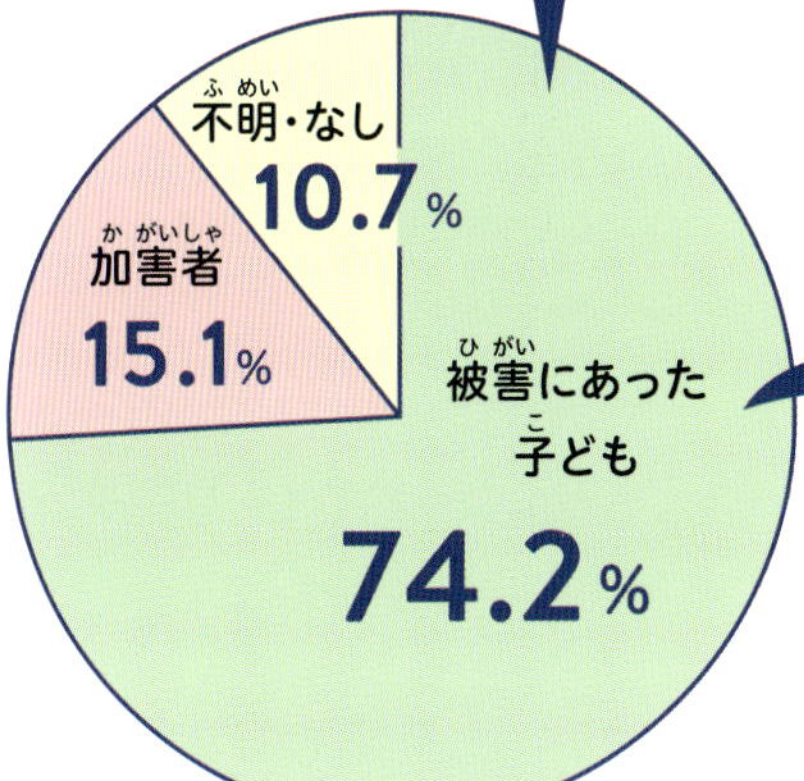

投稿《とうこう》の内容《ないよう》（おもなもの）

• プロフィールのみ	17.7%
• 趣味《しゅみ》・嗜好《しこう》	12.1%
• 日常生活《にちじょうせいかつ》	11.4%
• 友《とも》だち募集《ぼしゅう》	11.3%
• 援助交際募集《えんじょこうさいぼしゅう》	20.3%

知《し》りあうきっかけとなるのは、被害《ひがい》にあった子《こ》どもの何気《なにげ》ない投稿《とうこう》であることが多《おお》いです。メッセージが届《とど》いても、会《あ》わないことが大切《たいせつ》。

気《き》をつけよう　こんな事件《じけん》が起《お》きています！

児童買春事件《じどうかいしゅんじけん》

●オンラインゲームで知《し》りあった13歳《さい》の男子中学生《だんしちゅうがくせい》に、ゲーム機《き》を渡《わた》すからと車《くるま》の中《なか》でわいせつな行為《こうい》をした。犯人《はんにん》は32歳《さい》の看護師《かんごし》の男《おとこ》。

●14歳《さい》の女子中学生《じょしちゅうがくせい》のSNS《エスエヌエス》にメッセージを送《おく》って会《あ》い、現金《げんきん》を渡《わた》す約束《やくそく》をしてホテルなどでわいせつな行為《こうい》をした。犯人《はんにん》は64歳《さい》の内装業《ないそうぎょう》の男《おとこ》。

児童《じどう》ポルノ事件《じけん》

●SNS《エスエヌエス》アプリのアバターを使《つか》って知《し》りあった10歳《さい》の女子小学生《じょししょうがくせい》に、服《ふく》を脱《ぬ》ぐように言《い》い、タブレットで下半身《かはんしん》を撮影《さつえい》させた。その画像《がぞう》をSNS《エスエヌエス》で送信《そうしん》させた。犯人《はんにん》は37歳《さい》の男《おとこ》。

●SNS《エスエヌエス》で女子中学生《じょしちゅうがくせい》になりすまして、14歳《さい》の男子中学生《だんしちゅうがくせい》をおどし、カラオケ店《てん》でわいせつ行為《こうい》をしてそれを撮影《さつえい》させ、自分《じぶん》に送信《そうしん》させた。犯人《はんにん》は22歳《さい》の男《おとこ》。

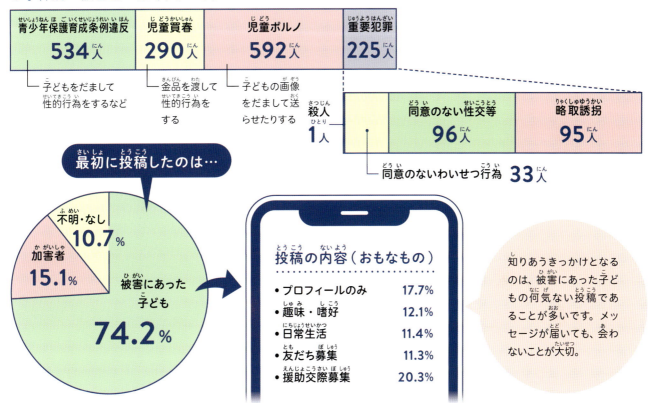

してはダメ！SNS《エスエヌエス》で注《ちゅう》意《い》すること

楽《たの》しいSNS《エスエヌエス》ですが、さまざまな被害《ひがい》のもとになることもあります。
十分《じゅうぶん》に気《き》をつけて、自分《じぶん》の身《み》を守《まも》りましょう。

個《こ》人《じん》情《じょう》報《ほう》は書《か》かない

氏名《しめい》や学校《がっこう》名《めい》、メールアドレスなど、個人的《こじんてき》な情報《じょうほう》は投稿《とうこう》してはいけません。

場《ば》所《しょ》がわかる写《しゃ》真《しん》は投《とう》稿《こう》しない

写真《しゃしん》には情報《じょうほう》がつまっています。電柱《でんちゅう》にある地名《ちめい》や店《みせ》の看板《かんばん》など、背《はい》景《けい》から場所《ばしょ》を推定《すいてい》して、待ちぶせされることも。住《す》んでいる町《まち》や通《かよ》っている学校《がっこう》がわかってしまうため、いつも使《つか》う駅《えき》でとった写真《しゃしん》や制服姿《せいふくすがた》の写真《しゃしん》は投稿《とうこう》してはいけません。

下《した》着《ぎ》姿《すがた》やはだかの写《しゃ》真《しん》は絶《ぜっ》対《たい》にとらない

だまされたりおどされたりして、下《した》着《ぎ》姿《すがた》やはだかの写真《しゃしん》をとって送《おく》ってしまう事件《じけん》がよくあります。おどされたとしても、絶対《ぜったい》にとってはいけません。これは犯罪《はんざい》なので、身近《みぢか》な大人《おとな》や警察《けいさつ》に相談《そうだん》しましょう。

キスしているところなどの画《が》像《ぞう》はとらない

交際中《こうさいちゅう》は、相手《あいて》といっしょにいる写《しゃ》真《しん》や動画《どうが》をとりたくなるでしょう。でも、キスシーンや、はだかなどのプライベートなシーンは、お願《ねが》いされてもとらないようにします。※リベンジポルノの予防《よぼう》になります。

ほかの人《ひと》の写《しゃ》真《しん》や情《じょう》報《ほう》を勝《かっ》手《て》に投《とう》稿《こう》・転《てん》送《そう》しない

自分《じぶん》の情報《じょうほう》と同《おな》じように、ほかの人《ひと》の情報《じょうほう》も大切《たいせつ》なもの。送《おく》られてきた写《しゃ》真《しん》や動画《どうが》などを、許可《きょか》なく転送《てんそう》することは罪《つみ》になる場合《ばあい》もあります。一度《いちど》送《おく》ると後戻《あともど》りはできません。気軽《きがる》にしてしまいがちなので気《き》をつけましょう。

ネットで知《し》りあった人《ひと》には会《あ》わない

メッセージのやりとりをしていると相手《あいて》のことが親《した》しく感《かん》じられます。でも、相手《あいて》がどんな人《ひと》かはわかりません。うそをついていることもあります。事件《じけん》にまきこまれることが多《おお》いので、絶対《ぜったい》に会《あ》ってはいけません。

ネットの情《じょう》報《ほう》は信《しん》用《よう》しすぎない

SNS《エスエヌエス》では年齢《ねんれい》や性別《せいべつ》、写真《しゃしん》だってうそをつけます。相手《あいて》の情報《じょうほう》や話《はなし》を信《しん》じこんではいけません。

※リベンジポルノとは

元交際相手《もとこうさいあいて》のプライベートな画《が》像《ぞう》を、リベンジ（ふくしゅう）を目的《もくてき》としてインターネット上《じょう》に公開《こうかい》すること。これは犯罪《はんざい》になるので、もしされたら警察《けいさつ》に相談《そうだん》しましょう。

CASE STUDY

ケーススタディ

いろいろな例《れい》をまんがで見《み》てみましょう。こんなとき、どうしたらいいでしょうか。

制服《せいふく》をアップしたら

被害者支援団体《ひがいしゃしえんだんたい》の内田《うちだ》さんから

もし自分《じぶん》の名前《なまえ》や学校《がっこう》が特定《とくてい》されたら必《かなら》ず大人《おとな》に相談《そうだん》して

自宅《じたく》や学校《がっこう》はもちろん、駅《えき》や店《みせ》など、よく行《い》く場所《ばしょ》がわかるような写真《しゃしん》をSNS《エスエヌエス》にあげると、あなたがどこのだれなのか特定《とくてい》され、さらされる可能性《かのうせい》があります。さらされたときに「相手《あいて》の行動《こうどう》を止《と》めたい」と思《おも》ってやりとりを続《つづ》ける人《ひと》もいますが、逆《ぎゃく》におどされるなど、事態《じたい》が悪化《あっか》することがほとんどです。やりとりはやめ、専門機関《せんもんきかん》※や大人《おとな》に相談《そうだん》しましょう。

※専門機関《せんもんきかん》の相談窓口《そうだんまどぐち》は、38 ～ 39ページに紹介《しょうかい》しています。

彼氏《かれし》じまんは気《き》をつけて

だれにも見《み》せなければいい？

弁護士《べんごし》の上谷先生《かみたにせんせい》から

同意《どうい》のない転送《てんそう》は犯罪《はんざい》になることもあります

写真《しゃしん》を本人《ほんにん》に無断《むだん》で転送《てんそう》したり、公開《こうかい》したりしてはいけません。写真《しゃしん》の内容《ないよう》によっては犯罪《はんざい》になったり、慰謝料《いしゃりょう》を求《もと》められたりします。送《おく》る相手《あいて》やうつっている人《ひと》が仲《なか》のいい友《とも》だちであっても本人《ほんにん》に同意《どうい》をとりましょう。

弁護士《べんごし》の上谷先生《かみたにせんせい》から

写真《しゃしん》は残《のこ》るもの。あなたの未来《みらい》のために写真《しゃしん》はとらないで

写真《しゃしん》がインターネットに公開《こうかい》されたら完全《かんぜん》に消《け》すのはむずかしいです。大人《おとな》になって、そのときの交際相手《こうさいあいて》や仕事関係《しごとかんけい》の人《ひと》がその写《しゃ》真《しん》を見《み》たらどう感《かん》じるでしょうか。写真《しゃしん》が出《で》回《まわ》ると未来《みらい》のあなたが困《こま》ることになるのです。

SNS《エスエヌエス》で会《あ》ってみたら…

SNS《エスエヌエス》での被害《ひがい》を防《ふせ》ぐポイント

- 個人情報《こじんじょうほう》や、場所《ばしょ》がわかる写真《しゃしん》をアップしない
- 恋人《こいびと》とのキスや、下着姿《したぎすがた》、プライベートパーツの写真《しゃしん》はとらない、送《おく》らない
- SNS《エスエヌエス》などで知《し》りあった人《ひと》と、実際《じっさい》に会《あ》わない

被害者支援団体《ひがいしゃしえんだんたい》の内田《うちだ》さんから

「何《なに》かちがう」と思《おも》ったら逃《に》げていい！

やさしい言葉《ことば》や断《ことわ》れない気持《きも》ちを利用《りよう》して相手《あいて》をコントロールしようとすることを「グルーミング」といいます。仲《なか》よくなったとしても「なんかいやだな」「気持《きも》ち悪《わる》いな」と思《おも》ったらやりとりをやめていいし、だまって逃《に》げていいのです。

知《し》っておきたい

2

大切《たいせつ》なこと

知《し》らずにやっている？ 受《う》けている？ デートDV《ディーブイ》

交際《こうさい》していると気《き》づかぬうちに、相手《あいて》を支配《しはい》したり、支配《しはい》されたりしてしまうことがあります。

DV《ディーブイ》とは暴力《ぼうりょく》で相手《あいて》を思《おも》い通《どお》りにすること

「DV《ディーブイ》（ドメスティック・バイオレンス）」とは、結婚相手《けっこんあいて》や交際相手《こうさいあいて》など、親密《しんみつ》な間柄《あいだがら》の相手《あいて》や、元夫《もとおっと》・元妻《もとつま》など、かつてそのような間柄《あいだがら》だった人《ひと》から受《う》ける暴力《ぼうりょく》のことです。

たたく、どなるなどの暴力《ぼうりょく》によって相《あい》手《て》を自分《じぶん》の思《おも》い通《どお》りにしたり、一方的《いっぽうてき》に言《い》うことを聞《き》かせようとしたりするのがDV《ディーブイ》です。なぐる、けるなどの実際《じっさい》の暴《ぼう》力《りょく》だけでなく、相手《あいて》をばかにしたり、無《む》視《し》したりすることもDV《ディーブイ》になります。

特《とく》に恋人同士《こいびとどうし》の間《あいだ》に起《お》こる暴力《ぼうりょく》のことを「デートDV《ディーブイ》」とよびます。

だれでも加害者《かがいしゃ》、被害者《ひがいしゃ》になる可能性《かのうせい》がある

デートDV《ディーブイ》は、性別《せいべつ》や年齢《ねんれい》、職業《しょくぎょう》にかかわらず、だれでも加害者《かがいしゃ》、被害者《ひがいしゃ》になる可能性《かのうせい》があります。なので、デートD《ディー》V《ブイ》なんて自分《じぶん》には関係《かんけい》ないと思《おも》ってはいけません。

たとえば、相手《あいて》のスマホをチェックする、返事《へんじ》が遅《おそ》いとおこる、そんなことがDV《ディーブイ》になっていきます。好《す》きだから、恋《れん》愛関係《あいかんけい》だから「してもいいよね」だったのが、「して当然《とうぜん》」という考《かんが》え方《かた》になってしまいがちです。そうならないうちに気《き》づくことが大切《たいせつ》です。

対等《たいとう》な関係《かんけい》でないときに起《お》こりやすいデートDV《ディーブイ》

恋愛関係《れんあいかんけい》では、好《す》きになってほしい、自分《じぶん》だけを見《み》てほしいという気持《きも》ちや、なんでもOK《オーケー》してくれる相手《あいて》のようすなどから、主従関係《しゅじゅうかんけい》（主人《しゅじん》と家来《けらい》のような関係《かんけい》）になることがあります。

いやだと思《おも》ったことは「いやだ」と自《じ》分《ぶん》の気持《きも》ちをはっきり言《い》える、相手《あいて》にあわせなくても楽《たの》しい気持《きも》ちでいられる、それがよい人間関係《にんげんかんけい》です。好《す》きな人《ひと》と交《こう》際《さい》しているはずなのに相手《あいて》が「こわい」と思《おも》う、交際《こうさい》が「つらい」と感《かん》じる、そんなときには※信頼《しんらい》できる大人《おとな》に相談《そうだん》しましょう。

※「信頼《しんらい》できる大人《おとな》」については3巻《かん》でくわしく紹介《しょうかい》しています。

デートDV《ディーブイ》ってどんなこと?

暴力《ぼうりょく》にはいろいろな種類《しゅるい》があります。いくつかの暴力《ぼうりょく》が重《かさ》なることが多《おお》い、
暴力《ぼうりょく》をふるうときもあれば、やさしいときもある、というのがデートDV《ディーブイ》の特徴《とくちょう》です。

身体的《しんたいてき》な暴力《ぼうりょく》

- 物《もの》をなげる
- たたく、ける
- かみをひっぱる

など

精神的《せいしんてき》な暴力《ぼうりょく》

- ばかにする
- 不機嫌《ふきげん》になる
- どなる、無視《むし》する

など

性的《せいてき》な暴力《ぼうりょく》

- 体《からだ》について
ひどいことを言《い》う
- 性行為《せいこうい》を無理《むり》やりさせる
- 避妊《ひにん》に協力《きょうりょく》しない

など

デジタル暴力《ぼうりょく》

- しょっちゅう
メッセージを送《おく》る
- 許可《きょか》なく写真《しゃしん》などを拡散《かくさん》する
- スマホで行動《こうどう》を監視《かんし》する
- スマホをとりあげる　など

経済的《けいざいてき》・社会的《しゃかいてき》な暴力《ぼうりょく》

- お金《かね》を使《つか》わせる
- お金《かね》を返《かえ》さない
- 友《とも》だちと会《あ》うのを禁止《きんし》する
- 行動《こうどう》を制限《せいげん》する

など

DV《ディーブイ》につながる こんな思《おも》いこみはやめて!

相手《あいて》を独占《どくせん》したり、
束縛《そくばく》したりすることは
愛情《あいじょう》の現《あらわ》れ

愛《あい》があれば
多少《たしょう》の暴力《ぼうりょく》は
許《ゆる》される

「別《わか》れるなら死《し》ぬ」と
言《い》うのは、それだけ
愛《あい》しているから

愛《あい》されるためには、
相手《あいて》の期待《きたい》にこたえ
なければならない

みんな
まちがいです!

男《おとこ》は強引《ごういん》なほうがいい、
女《おんな》は素直《すなお》にしたがうもの

CASE STUDY

ケーススタディ

いろいろな例《れい》をまんがで見《み》てみましょう。こんなとき、どうしたらいいでしょうか。

彼《かれ》はわたしだけのもの？

ねぇ！ ちょっと!!
わたし以外《いがい》の女子《じょし》としゃべらないでって言《い》ったじゃない！
部活《ぶかつ》の話《はなし》してただけだよ
わたしがわからない話《はなし》？
わたしが好《す》きならやめてよ
…

スクールカウンセラーの杉浦先生《すぎうらせんせい》から

相手《あいて》の気持《きも》ちは相手《あいて》のもの

つきあっていても相手《あいて》の気持《きも》ちは相手《あいて》だけのものです。相手《あいて》の行動《こうどう》を見《み》て不安《ふあん》になったとしても、相手《あいて》の行動《こうどう》に制限《せいげん》をかけようとすることは精神的《せいしんてき》な暴力《ぼうりょく》になります。別《べつ》の方法《ほうほう》で自分《じぶん》の不安《ふあん》を落《お》ちつかせましょう。

突然《とつぜん》言《い》われても…

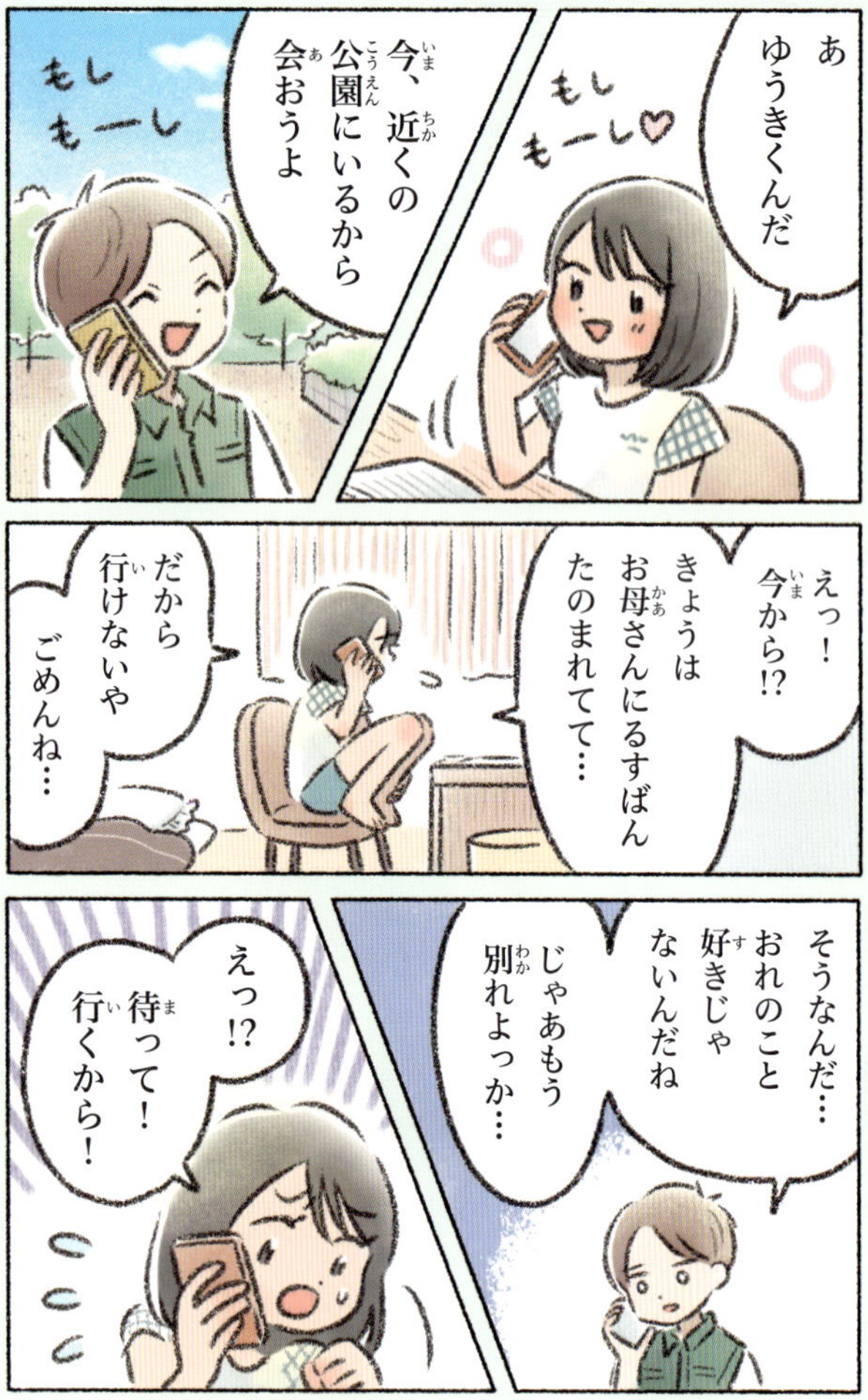
あ ゆうきくんだ
もしもーし♡
今《いま》、近《ちか》くの公園《こうえん》にいるから会《あ》おうよ
もしもーし
えっ！ 今《いま》から!?
きょうはお母《かあ》さんにるすばんたのまれてて…
だから行《い》けないやごめんね…
そうなんだ…おれのこと好《す》きじゃないんだね
じゃあもう別《わか》れよっか…
えっ!? 待《ま》って！ 行《い》くから！

スクールカウンセラーの杉浦先生《すぎうらせんせい》から

おどしてしたがわせるのはデートDV《ディーブイ》

「〜してくれなければ別《わか》れる」「きらいになるよ」などと言《い》うのはおどしです。相手《あいて》の都合《つごう》や気持《きも》ちを無視《むし》して、自分《じぶん》への好意《こうい》につけこみ、都合《つごう》よく相手《あいて》を動《うご》かそうとすることもデートDV《ディーブイ》です。

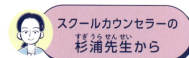

みゆって、ずっとかみ伸《の》ばしてるの？
うん！がんばってここまで伸《の》ばしたんだ～
おれはショートのほうが好《す》きだなかみ切《き》れば？
え…でも…
せっかく伸《の》ばしたけど…もっと好《す》きになってもらいたいし…
数日後《すうじつご》——
かみ切《き》ったんだどうかな？
絶対《ぜったい》こっちのほうがいいよ！
服《ふく》もそんなダサいのやめてもっとはでなのにしてさ…
こういうの！
LOVE
好《この》みの服《ふく》じゃないな…
今度《こんど》着《き》てきてね
うん…

養護教諭《ようごきょうゆ》の遠藤先生《えんどうせんせい》から

相手《あいて》を自分《じぶん》の思《おも》い通《どお》りにしようとするのも精神的《せいしんてき》な暴力《ぼうりょく》

「好《す》きな人《ひと》から好《す》かれたい」という思《おも》いから、相手《あいて》の好《この》みにあわせようとして、無意識《むいしき》に相手《あいて》の言《い》いなりになってしまうこともあります。自分《じぶん》も楽《たの》しめていればよいですが、いつも自分《じぶん》の気持《きも》ちをおさえて相手《あいて》にあわせることを続《つづ》けていると、だんだんつらくなってきます。一方的《いっぽうてき》に相手《あいて》を思《おも》い通《どお》りにしようとしていないか、気《き》をつけてみましょう。

仲《なか》がいいからいいの？

どうしても気《き》になって

養護教諭《ようごきょうゆ》の遠藤先生《えんどうせんせい》から

「仲《なか》がいいから何《なに》を言《い》っても大丈夫《だいじょうぶ》」というのは思《おも》いあがり

容姿《ようし》や体格《たいかく》をいじったり、好《す》きなことや得意《とくい》なことをからかったりすれば、相手《あいて》はきずつきます。仲《なか》のよさは関係《かんけい》ありません。言《い》われていやなことには「きずついた」「言《い》わないで」と伝《つた》えましょう。

スクールカウンセラーの杉浦先生《すぎうらせんせい》から

勝手《かって》に見《み》るのはプライバシーしんがい

人《ひと》のものは、その人《ひと》だけの大切《たいせつ》なものです。たとえ仲《なか》のいい相手《あいて》でも、その人《ひと》の許可《きょか》なく勝手《かって》にスマホや手紙《てがみ》を見《み》ることは、プライバシーのしんがいにあたり、問題《もんだい》となる行動《こうどう》です。中身《なかみ》を見《み》るにはその人《ひと》の許可《きょか》が必要《ひつよう》です。

こわいとき、やさしいとき

デートDV《ディーブイ》予防《よぼう》のポイント

- つきあっていても相手《あいて》と自分《じぶん》はちがうのが当《あ》たり前《まえ》ということを頭《あたま》に入《い》れておく
- つきあっているからと、相手《あいて》の行動《こうどう》を制限《せいげん》してはいけない
- 好《この》みや考《かんが》えを相手《あいて》におしつけていないか、言葉《ことば》の暴力《ぼうりょく》できずつけていないか注意《ちゅうい》する

弁護士《べんごし》の上谷先生《かみたにせんせい》から

「やさしいときもある」のがDV《ディーブイ》。暴力《ぼうりょく》はどんなときでもだめ

相手《あいて》のようすが気《き》になってビクビクするのは対等《たいとう》の関係《かんけい》ではありません。相手《あいて》をおこらせたあなたが悪《わる》いのではありません。どんな理由《りゆう》でも暴力《ぼうりょく》はいけないことなので「やめて」と伝《つた》え、それでも続《つづ》くなら距離《きょり》を置《お》きましょう。

知《し》っておきたい3大切《たいせつ》なこと

身近《みぢか》なところにもさまざまな性暴力《せいぼうりょく》があります

性暴力《せいぼうりょく》をなくすためには、まずは知《し》る必要《ひつよう》があります。

16～24歳《さい》の4人《にん》にひとりが性暴力《せいぼうりょく》を受《う》けたことがある

突然《とつぜん》さわられたり、着替《きが》えをこっそり見《み》られたり、いやらしいことを言《い》われたりしたら、とても気持《きも》ちが悪《わる》く、おそろしいですね。そんな体《からだ》の権利《けんり》をおかす性《せい》暴力《ぼうりょく》が、よく起《お》きています。

左《ひだり》の調査《ちょうさ》でアンケートに答《こた》えた16～24歳《さい》のうち、4人《にん》にひとり以上《いじょう》(26・4%)が、何《なん》らかの性暴力《せいぼうりょく》を受《う》けていました。

性暴力《せいぼうりょく》をしてくる相手《あいて》は知《し》りあいが多《おお》く、最近《さいきん》はSNS《エスエヌエス》などでやさしく近《ちか》づいてきてだますケースが増《ふ》えています。

加害者《かがいしゃ》、被害者《ひがいしゃ》、傍観者《ぼうかんしゃ》にならないためにも性暴力《せいぼうりょく》の実態《じったい》を知《し》ることは大切《たいせつ》です。

気《き》をつけて! こんな性被害《せいひがい》もあります

やさしく近《ちか》づいてきて仲《なか》よくなってからだます

大人《おとな》のなかには性的《せいてき》な目的《もくてき》で近《ちか》づいてくる人《ひと》もいます。最初《さいしょ》は仲《なか》間《ま》のふりや、助《たす》けを求《もと》めるふりなどをして親《した》しくなろうとします。打《う》ちとけてあなたの信頼《しんらい》を得《え》てから、ふたりきりになろうとするのです。顔《かお》や年齢《ねんれい》、服装《ふくそう》などは関係《かんけい》ありません。あなたが「素敵《すてき》だな」と思《おも》うような人《ひと》の場合《ばあい》もあります。見分《みわ》けるのはむずかしいので、どんな人《ひと》であってもついていったり、ふたりきりになったりしないことがいちばんです。

知《し》っている人《ひと》、信頼《しんらい》している人《ひと》がしてくる

学校《がっこう》の先生《せんせい》、塾《じゅく》やスポーツクラブの先生《せんせい》、親《おや》やきょうだいなど、まさかと思《おも》うような人《ひと》がしてくる場《ば》合《あい》もあります。相手《あいて》がだれでも、いやと感《かん》じたら逃《に》げましょう。されていることが「自分《じぶん》のかんちがいかも?」と思《おも》うこともあるかもしれません。でも、かんちがいではないことが多《おお》いのです。そんなときは信頼《しんらい》できる大人《おとな※》に相談《そうだん》しましょう。

性別《せいべつ》は関係《かんけい》なく、男子《だんし》も被害《ひがい》にあう

男子《だんし》が被害《ひがい》にあうことも少《すく》なくありません。相手《あいて》は、男《おとこ》の人《ひと》のことも女《おんな》の人《ひと》のこともあります。なんかヘンだ、いやだなと感《かん》じたら、すぐに逃《に》げましょう。

※「信頼《しんらい》できる大人《おとな》」については3巻《かん》でくわしく紹介《しょうかい》しています。

16〜24歳《さい》の

性暴力被害《せいぼうりょくひがい》の実態調査《じったいちょうさ》を見《み》てみよう

調査結果《ちょうさけっか》からは、多《おお》くの人《ひと》がつらい体験《たいけん》をしていることがわかります。

※「若年層《じゃくねんそう》（16〜24歳《さい》）の性暴力被害《せいぼうりょくひがい》の実態《じったい》に関《かん》するオンラインアンケート及《およ》びヒアリング結果報告書《けっかほうこくしょ》」
（令和《れいわ》4年《ねん》3月《がつ》 内閣府男女共同参画局《ないかくふだんじょきょうどうさんかくきょく》）より作成《さくせい》

●性暴力被害《せいぼうりょくひがい》にあったときの年齢《ねんれい》

0〜6歳《さい》	2.5%
7〜12歳《さい》	15.7%
13〜15歳《さい》	24.0%
16〜18歳《さい》	32.7%
19〜20歳《さい》	14.8%
21〜24歳《さい》	10.1%

●加害者《かがいしゃ》との関係《かんけい》（おもなもの）

先生《せんせい》、先輩《せんぱい》、同級生《どうきゅうせい》など、通《かよ》っている（いた）学校《がっこう》の関係者《かんけいしゃ》	36.0%	735人《にん》
指導者《しどうしゃ》、先輩《せんぱい》、仲間《なかま》など、地域活動《ちいきかつどう》や習《なら》い事《ごと》の関係者《かんけいしゃ》	4.8%	98人《にん》
アルバイト先《さき》、職場《しょくば》の関係者《かんけいしゃ》	11.0%	220人《にん》
交際相手《こうさいあいて》、元交際相手《もとこうさいあいて》	8.3%	167人《にん》
親《おや》	2.5%	51人《にん》
育《そだ》ての親《おや》、義理《ぎり》の親《おや》、親《おや》の交際相手《こうさいあいて》	2.2%	45人《にん》
兄弟姉妹《きょうだいしまい》	1.3%	27人《にん》
SNS《エスエヌエス》などインターネットで知《し》りあった人《ひと》	14.0%	285人《にん》
まったく知《し》らない人《ひと》	32.5%	662人《にん》

●回答者《かいとうしゃ》は2040人《にん》（複数回答《ふくすうかいとう》あり）

●性暴力《せいぼうりょく》にあったときの状況《じょうきょう》（おもなもの）

身体的《しんたいてき》な暴力《ぼうりょく》をふるわれた	10.8%	220人《にん》
おどかされた	13.1%	268人《にん》
インターネットやSNS《エスエヌエス》でおどかされた	10.9%	223人《にん》
「何《なに》もしない」「変《へん》なことはしない」などとだまされた	12.1%	246人《にん》
不意《ふい》をつかれ、突然襲《とつぜんおそ》われた	18.4%	375人《にん》
相手《あいて》との関係性《かんけいせい》で拒否《きょひ》できなかった	11.4%	233人《にん》
驚《おどろ》きや混乱《こんらん》で体《からだ》が動《うご》かなくなった	16.8%	342人《にん》
電車内《でんしゃない》で逃《に》げられなかった	14.2%	289人《にん》
親切《しんせつ》に相談《そうだん》にのるなどやさしくしてくれていた	5.2%	107人《にん》
自分《じぶん》に起《お》こっていることがわからなかった	26.4%	539人《にん》

●回答者《かいとうしゃ》は2040人《にん》（複数回答《ふくすうかいとう》あり）

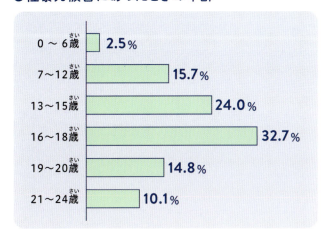

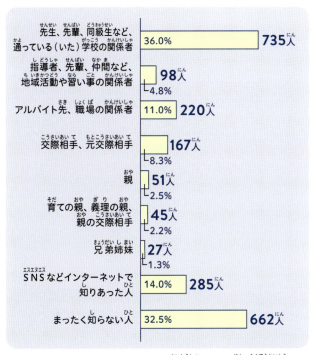

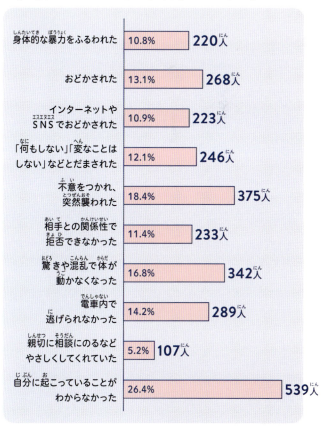

CASE STUDY

ケーススタディ

いろいろな例《れい》をまんがで見《み》てみましょう。
こんなとき、どうしたらいいでしょうか。

悪気《わるぎ》はなくても

養護教諭《ようごきょうゆ》の遠藤先生《えんどうせんせい》から

いやだと感《かん》じたら言《い》っていい

信頼《しんらい》している相手《あいて》でも、同意《どうい》なく体《からだ》にふれられたら、驚《おどろ》いたりいやだと感《かん》じたりすることもあります。そんなときは「さわらないで」と伝《つた》えましょう。相手《あいて》も気《き》をつけるようになります。

いやなものはいや

スクールカウンセラーの杉浦先生《すぎうらせんせい》から

性的《せいてき》な話題《わだい》をいやがる人《ひと》もいる

小学校高学年《しょうがっこうこうがくねん》から中高生《ちゅうこうせい》の時期《じき》は個人差《こじんさ》がありますが、体《からだ》や性的《せいてき》なことが気《き》になるころで、このような話《はなし》をしたくなる人《ひと》もいます。でも、体《からだ》や性《せい》のことははずかしさやいやな気持《きも》ちとも結《むす》びつきやすく、話《はな》したくない人《ひと》も多《おお》いと覚《おぼ》えておきましょう。

みんなが見《み》たいわけじゃない

こっそりとっていいの？

養護教諭《ようごきょうゆ》の遠藤先生《えんどうせんせい》から

下《しも》ネタのおしつけはいやがらせ

いやがる相手《あいて》に性的《せいてき》なことを無理《むり》に見《み》せたり聞《き》かせたりしようとするのは、「精神的暴力《せいしんてきぼうりょく》」にあたります。いやかどうかに男女《だんじょ》は関係《かんけい》ないので、「男《おとこ》なのに」「女《おんな》なのに」など性別《せいべつ》で決《き》めつけるのもおかしなことですね。

弁護士《べんごし》の上谷先生《かみたにせんせい》から

盗撮《とうさつ》は犯罪《はんざい》。絶対《ぜったい》にしてはいけない

ほかの人《ひと》のプライベートパーツや下着《したぎ》などをひそかに撮影《さつえい》するのは、犯罪行為《はんざいこうい》です。送《おく》られてきたものでも、持《も》っているだけで罪《つみ》になることもあります。もし送《おく》られてきたら大人《おとな》に相談《そうだん》しましょう。

わざとじゃなくてもいや

ほしかったから…

弁護士《べんごし》の 上谷先生《かみたにせんせい》から

家族内《かぞくない》での性暴力《せいぼうりょく》も多《おお》くある。ためらわずいやと言《い》おう

親《おや》、きょうだい、親戚《しんせき》などから「いやだ」「気《き》持《も》ち悪《わる》い」ということをされたら、ためらわず「やめて」と言《い》いましょう。それでも続《つづ》くようなら、信頼《しんらい》できる大人《おとな》に相談《そうだん》してください。話《はなし》を聞《き》いてくれる人《ひと》が必《かなら》ずいます。

被害者支援団体《ひがいしゃしえんだんたい》の 岡《おか》さんから

やさしく近《ちか》づいて、ものやお金《かね》で思《おも》い通《どお》りにしようとするのも性暴力《せいぼうりょく》

ものやお金《かね》で言《い》わせた「いいよ」や、相手《あいて》の気持《きも》ちや立場《たちば》を弱《よわ》みにして言《い》ってもらった「いいよ」は同意《どうい》ではありません。「自分《じぶん》もあのとき『いいよ』と言《い》ったから…」というときでも、相談《そうだん》してください。

いやと言《い》えなくて

性暴力予防《せいぼうりょくよぼう》の ポイント

- あなたの体《からだ》のどこをだれがさわったり見《み》たりしていいかを決《き》められるのはあなただけ
- H《エッチ》な話題《わだい》は時《とき》に言葉《ことば》の暴力《ぼうりょく》に。いやがる人《ひと》に無理《むり》やり聞《き》かせない
- 人《ひと》の写真《しゃしん》は勝手《かって》にとらない
- 少《すこ》しでも「ヘンだ」「気持《きも》ち悪《わる》い」と感《かん》じたら、逃《に》げる、相談《そうだん》する

被害者支援団体《ひがいしゃしえんだんたい》の岡《おか》さんから

信用《しんよう》している人《ひと》が言《い》うことをきかせようとすることもある

「先生《せんせい》がすることだから、悪《わる》い意図《いと》はないはず。ヘンだと思《おも》う自分《じぶん》がおかしいのかも」「見放《みはな》されたくない」という気持《きも》ちを利用《りよう》する大人《おとな》がいます。でも「ヘンだ」とよぎったときが、ほかの大人《おとな》に相談《そうだん》するタイミング。違和感《いわかん》は気《き》のせいではありません。

知《し》っておきたい 4 大切《たいせつ》なこと

性《せい》暴《ぼう》力《りょく》の加《か》害《がい》者《しゃ》にならないために

性暴力《せいぼうりょく》についてよく知《し》らないために、加害者《かがいしゃ》になってしまうことがあります。あなたの大切《たいせつ》な人《ひと》をきずつけてしまわないためにも、体《からだ》の権利《けんり》を守《まも》りましょう。

ひとりひとりが体《からだ》の権利《けんり》を大切《たいせつ》にする

性暴力《せいぼうりょく》の加害者《かがいしゃ》にならないためには、自分《じぶん》の体《からだ》の権利《けんり》と同《おな》じように、ほかの人《ひと》の体《からだ》の権利《けんり》を大切《たいせつ》にすることが必要《ひつよう》です。ひとりひとりがそれを守《まも》れば、性暴力《せいぼうりょく》はなくなります。デートDV《ディーブイ》も、お互《たが》いの権利《けんり》を大切《たいせつ》にすれば、起《お》きないことです。「プライベートパーツ」「距離感《きょりかん》」「同意《どうい》」を再確認《さいかくにん》して（1巻《かん》）、ほかの人《ひと》の権利《けんり》をおかさないようにしましょう。

暴力《ぼうりょく》の出発点《しゅっぱつてん》になるのは、不安《ふあん》だったり自信《じしん》のなさだったりすることがあります。自分《じぶん》の本当《ほんとう》の気持《きも》ちを言葉《ことば》にして、整理《せいり》することも大切《たいせつ》な一歩《いっぽ》です。

写真《しゃしん》を見《み》せたり転送《てんそう》したりするのも犯罪《はんざい》になる

SNS《エスエヌエス》では、被害《ひがい》にあう可能性《かのうせい》も高《たか》いですが、加害者《かがいしゃ》になってしまうこともあります。

友《とも》だちと、恋人《こいびと》との親密《しんみつ》な写真《しゃしん》を見《み》せあったり、届《とど》いた写真《しゃしん》をほかの人《ひと》に転送《てんそう》したりすることは、犯罪《はんざい》になることもあります（→8〜11ページ）。

たとえ親《した》しい仲《なか》でも、本人《ほんにん》に許可《きょか》をとらずに写真《しゃしん》をほかの人《ひと》に見《み》せるのはやめましょう。また、つきあっている相手《あいて》に「下着姿《したぎすがた》の写真《しゃしん》を送《おく》ってほしい」「送《おく》らなければ別《わか》れる」などと言《い》うのはデートD《ディー》V《ブイ》になります。

写真《しゃしん》は、一度《いちど》手《て》からはなれたら、どこに行《い》くかわかりません。友《とも》だちに送《おく》った恋人《こいびと》の下着姿《したぎすがた》の写真《しゃしん》が、知《し》らないうちにみんなに拡散《かくさん》されたり、SNS《エスエヌエス》にアップされたりすることもあります。あなたの送《おく》った写真《しゃしん》が、恋人《こいびと》や友《とも》だちの権利《けんり》をうばってしまうかもしれないのです。写真《しゃしん》の扱《あつか》いには十分《じゅうぶん》な注意《ちゅうい》が必要《ひつよう》です。

相手《あいて》の「体《からだ》の権利《けんり》」を守《まも》るには

相手《あいて》の体《からだ》の権利《けんり》を守《まも》るということは、
人間関係《にんげんかんけい》をつくるうえでとても大切《たいせつ》なことです。

❶「距離感《きょりかん》」を大切《たいせつ》にする

他人《たにん》が近《ちか》づいても平気《へいき》な「距離《きょり》感《かん》」は、人《ひと》によってちがいます。「境《きょう》界《かい》（バウンダリー）」ということもあります。境界《きょうかい》をこえて近《ちか》づいていいかを決《き》めることができるのはその人《ひと》だけです。

❷「同意《どうい》」をとる

相手《あいて》に近《ちか》づいたりさわろうとしたりするときには、近《ちか》くに行《い》っていい？　肩《かた》にふれてもいい？　手《て》をつないでもいい？　など、そのたびに言葉《ことば》で確認《かくにん》しましょう。

❸「いやだ」「だめ」と言《い》われたらやらない

「いやだ」と言《い》われ同意《どうい》がとれなかったら、してはいけません。いやと言《い》っているだけで本当《ほんとう》はちがう、などということはありません。

❹答《こた》えがないときは「NO《ノー》」だと考《かんが》える

驚《おどろ》いたり断《ことわ》りづらかったり迷《まよ》っていたりすると、何《なに》も言《い》えないときがあります。相手《あいて》が「いいよ」と言《い》ったとき以外《いがい》は同意《どうい》ではありません。

CASE STUDY

ケーススタディ

いろいろな例《れい》をまんがで見《み》てみましょう。こんなとき、どうしたらいいでしょうか。

あと少《すこ》しで…

ゆう かわいいな♡ れんに じまんしちゃえー
ん まてよ…
写真《しゃしん》は だれにも 送《おく》っちゃダメだよ 絶対《ぜったい》！
すぐに拡散されちゃうんだから
そうだ！ れんに送《おく》ったら みんなに転送《てんそう》されちゃうな
あぶねー さらすとこだった

弁護士《べんごし》の 上谷先生《かみたにせんせい》から

写真《しゃしん》を勝手《かって》に送《おく》ると 犯罪《はんざい》になる 可能性《かのうせい》もある

交際相手《こうさいあいて》の写真《しゃしん》を友《とも》だちに送《おく》ったら、あっという間《ま》にクラス中《じゅう》に拡散《かくさん》してしまった、ということはよくあります。それが下着姿《したぎすがた》やプライベートパーツを見《み》せた写真《しゃしん》のこともあります。他人《たにん》の写真《しゃしん》は、勝手《かって》に送《おく》ってはいけません。もし送《おく》られてきたら絶対《ぜったい》に転送《てんそう》せずに、大人《おとな》に相談《そうだん》しましょう。その写真《しゃしん》が盗撮《とうさつ》されたものだったら、転送《てんそう》するだけであなたも犯罪者《はんざいしゃ》になってしまいます。

知《し》っておきたい 5 大切《たいせつ》なこと

性《せい》暴《ぼう》力《りょく》の被《ひ》害《がい》者《しゃ》にならないために

自分《じぶん》の体《からだ》や人間関係《にんげんかんけい》のこと、そしてどう対応《たいおう》するかをしっかり学《まな》ぶことも、大切《たいせつ》な権利《けんり》です。

もしものときの対応《たいおう》を考《かんが》えておく

加害者《かがいしゃ》がいなければ被害者《ひがいしゃ》は生《う》まれないので、だれもが加害者《かがいしゃ》にならないことがいちばんよいことです。しかし性暴力《せいぼうりょく》がまだある以上《いじょう》、性《せい》や人権《じんけん》についての知識《ちしき》を身《み》につけ予防《よぼう》する必要《ひつよう》があります。

自分《じぶん》の体《からだ》や人間関係《にんげんかんけい》のこと、そしてどんなことが起《お》きているか（→12～29ページ）を知《し》り、同《おな》じようなことが起《お》きたときにどう対応《たいおう》するか、考《かんが》えておくとよいでしょう。34ページの「NO《ノー》」「GO《ゴー》」「TELL《テル》」は、もしものときの方法《ほうほう》のひとつです。ほかにもどんな対応《たいおう》があるか考《かんが》えてみましょう。

性犯罪《せいはんざい》から身《み》を守《まも》るために 気《き》をつけよう

小中学生《しょうちゅうがくせい》の被害《ひがい》は増《ふ》えています。日《ひ》ごろから気《き》をつけておきましょう。

- さそわれてもふたりきりにならないようにする
- SNS《エスエヌエス》などで知《し》りあった人《ひと》とは会《あ》わない

- よく知《し》らない人《ひと》の車《くるま》に乗《の》ったり、ついていったりしない
- 人気《ひとけ》の少《すく》ない場所《ばしょ》には行《い》かない
- SNS《エスエヌエス》などに写真《しゃしん》や個人情報《こじんじょうほう》をのせない

- 下着姿《したぎすがた》やはだかの写真《しゃしん》は絶対《ぜったい》にとらない、とらせない
- 防犯《ぼうはん》ブザーを持《も》ち歩《ある》く
- 性《せい》や人権《じんけん》についての知識《ちしき》を身《み》につける

性暴力《せいぼうりょく》にあいそうになったら

「NO《ノー》」「GO《ゴー》」「TELL《テル》」は、危険《きけん》なときにとりたい行動《こうどう》です。
よく覚《おぼ》えておきましょう。

NO《ノー》 「いやだ」と言《い》う

「いや！」「さわらないで！」「やめろ！」とはっきり言《い》います。さらに「うわぁぁぁぁ!!」などと大声《おおごえ》をあげるのも、相手《あいて》をひるませます。

GO《ゴー》 その場《ば》をはなれる

すぐにその場所《ばしょ》から逃《に》げましょう。できるだけ人《ひと》の多《おお》いほうへ行《い》きます。

TELL《テル》 だれかに話《はな》す

家《いえ》の人《ひと》、友《とも》だちの親《おや》、先生《せんせい》など、大人《おとな》に何《なに》があったか話《はな》しましょう。「言《い》うと大変《たいへん》なことになる」などとおどされても、ためらうことはありません。

これが危険《きけん》 加害者《かがいしゃ》が近《ちか》づいてくるときの声《こえ》かけ

こんなことを言《い》って連《つ》れて行《い》こうとする人《ひと》がいます。
やさしそうな人《ひと》に見《み》えても、
絶対《ぜったい》について行《い》ってはいけません。

かわいいね、写真《しゃしん》のモデルにならない?

うちでいっしょに動画《どうが》を見《み》ない?

道《みち》に迷《まよ》ったので教《おし》えてほしい

あぶないから車《くるま》で送《おく》ってあげるよ

具合《ぐあい》が悪《わる》くなったので助《たす》けてほしい

有名人《ゆうめいじん》の友《とも》だちなんだ、会《あ》わせてあげるよ

犬《いぬ》が逃《に》げてしまったのでいっしょにさがしてほしい

みんなたくみなうそ! だまされないで

お母《かあ》さんが事故《じこ》にあったからすぐに病院《びょういん》へ行《い》こう

ケーススタディ

CASE STUDY

いろいろな例《れい》をまんがで見《み》てみましょう。こんなとき、どうしたらいいでしょうか。

すぐに逃《に》げよう

SNS《エスエヌエス》で知《し》りあった子《こ》と会《あ》ったら大人《おとな》だった――
まなちゃん行《い》こうよ！
ど…どうしよう…
ねこが待《ま》ってるよ
えっ!!
やめて！
これは「NO《ノー》」
そうだ「NO《ノー》」「GO《ゴー》」「TELL《テル》」だ
次《つぎ》は「GO《ゴー》!」
逃《に》げなきゃ
そして「TELL《テル》」だ
あ あの…
お姉《ねえ》さんたちは話《はなし》をよく聞《き》いてくれて心配《しんぱい》して交番《こうばん》まで送《おく》ってくれた
こわかったけど話《はな》したらほっとした…

被害者支援団体《ひがいしゃしえんだんたい》の内田《うちだ》さんから

いやな感《かん》じがしたら逃《に》げて！
そして、大人《おとな》に伝《つた》えることがあなたの武器《ぶき》に

「自分《じぶん》も悪《わる》いんだ」「わたしががまんすればいい」という気《き》持《も》ちから、人《ひと》に言《い》うことをためらってしまうこともあるでしょう。でも相手《あいて》はそんな「人《ひと》に言《い》えない気持《きも》ち」を悪用《あくよう》して、行動《こうどう》をエスカレートさせていくことがあります。相《あい》手《て》は自分《じぶん》が悪《わる》いことをしているとわかっているので、間《あいだ》に大人《おとな》が入《はい》ることをいやがります。まずは逃《に》げて、そして「大人《おとな》に伝《つた》える・相談《そうだん》すること」があなたの武器《ぶき》になります。

知《し》っておきたい

6

大切《たいせつ》なこと

性《せい》暴《ぼう》力《りょく》の傍《ぼう》観《かん》者《しゃ》にならないために

かたわらでただながめている傍観者《ぼうかんしゃ》にならないため、性暴力《せいぼうりょく》を「知《し》る」ことは大切《たいせつ》な一歩《いっぽ》です。

暴力《ぼうりょく》の現場《げんば》に立《た》ち会《あ》ったら助《たす》けをよぶ

暴力《ぼうりょく》が起《お》きているときに「傍観者《ぼうかんしゃ》にならない」というのはむずかしいことです。危険《きけん》なこともあるので、自分《じぶん》の力《ちから》で何《なに》かをすることより、まずは大人《おとな》や警察《けいさつ》などに助《たす》けを求《もと》めましょう。

また、被害《ひがい》にあいそうなときの行動《こうどう》の基本《きほん》「NO《ノー》」「GO《ゴー》」「TELL《テル》」（→34ページ）をいっしょにしてあげることもできます。大《おお》きな声《こえ》を出《だ》す、手《て》をひいて逃《に》げる、話《はな》す大人《おとな》を探《さが》すなど、気《き》が動転《どうてん》している被害者《ひがいしゃ》の代《か》わりに動《うご》いたり判断《はんだん》したりすることができれば、どれだけ助《たす》かることでしょう。

被害者《ひがいしゃ》は少《すこ》しも悪《わる》くない「あなたは悪《わる》くない」と伝《つた》えて

性暴力《せいぼうりょく》を受《う》けたときに、打《う》ち明《あ》けたり、相談《そうだん》したりする相手《あいて》は、友《とも》だちのことが多《おお》いようです。もしもあなたが相談《そうだん》されたら、どうしますか？

被害《ひがい》を打《う》ち明《あ》けられたとき、いちばん大切《たいせつ》なのは、被害《ひがい》にあった人《ひと》を責《せ》めるようなことを、絶対《ぜったい》に言《い》わないことです。どうしてそこに行《い》ったのか、などと聞《き》くのもやめておきましょう。

性暴力《せいぼうりょく》で悪《わる》いのは加害者《かがいしゃ》だけです。被《ひ》害《がい》を受《う》けた人《ひと》はまったく悪《わる》くないのです。どんな場合《ばあい》であっても「あなたは悪《わる》くない」と伝《つた》えましょう。

被害《ひがい》を打《う》ち明《あ》けられたら信頼《しんらい》できる大人《おとな》に相談《そうだん》する

もしも友《とも》だちから相談《そうだん》されたら、どうしたらいいか困《こま》るでしょう。そんなときはひとりでかかえることはありません。被害《ひがい》を打《う》ち明《あ》けられたら、できれば※信頼《しんらい》できる大人《おとな》に相談《そうだん》しましょう。相談《そうだん》することは、あなたにも友《とも》だちにもある、守《まも》られることが当《あ》たり前《まえ》の権利《けんり》です。

保健室《ほけんしつ》の先生《せんせい》、スクールカウンセラー、スクールソーシャルワーカー、専門《せんもん》の相談《そうだん》機関《きかん》（→38ページ）など、相談《そうだん》にのってくれる人《ひと》は必《かなら》ずいます。被害者本人《ひがいしゃほんにん》は言《い》いづらくても、友《とも》だちが橋渡《はしわた》しをすることで、よい方向《ほうこう》に進《すす》むことはよくあります。

※「信頼《しんらい》できる大人《おとな》」については3巻《かん》でくわしく紹介《しょうかい》しています。

CASE STUDY

ケーススタディ

いろいろな例《れい》をまんがで見《み》てみましょう。こんなとき、どうしたらいいでしょうか。

だまってられない

相談《そうだん》されたら…

スクールカウンセラーの杉浦先生《すぎうらせんせい》から

できる範囲《はんい》で助《たす》け舟《ぶね》を

つきあっている相手《あいて》をどなる、ばかにするなどのデートDV《ディーブイ》は身近《みぢか》でも起《お》きています。見《み》かけたら、あなたに無理のない範囲《はんい》で、近《ちか》くに行《い》ったり、声《こえ》をかけたりしてみましょう。むずかしければ、信頼《しんらい》できる大人《おとな》に相談《そうだん》しましょう。

養護教諭《ようごきょうゆ》の遠藤先生《えんどうせんせい》から

大人《おとな》に話《はな》すことが友《とも》だちを救《すく》います

友《とも》だちに相談《そうだん》されたことを話《はな》すのは、約束《やくそく》をやぶるように感《かん》じるかもしれません。でも、性被害《せいひがい》の困《こま》りごとは自分《じぶん》たちでは解決《かいけつ》できません。「信頼《しんらい》できる大人《おとな》にいっしょに相談《そうだん》に行《い》こう」と友《とも》だちに伝《つた》えましょう。友《とも》だちとあなたの力《ちから》になってくれる大人《おとな》は必《かなら》ずいます。

困《こま》ったら、まずは
話《はな》してみましょう

あなたを助《たす》けてくれる 相《そう》談《だん》窓《まど》口《ぐち》

いやなことや、SNS《エスエヌエス》などで困《こま》ったことが起《お》きたときに相談《そうだん》するのは当然《とうぜん》の権利《けんり》で、解決《かいけつ》につながる最初《さいしょ》の一歩《いっぽ》です。ここで紹介《しょうかい》している窓口《まどぐち》では、専門家《せんもんか》がやさしく相談《そうだん》にのってくれます。ほかの人《ひと》に知《し》られたくないときは、そう伝《つた》えれば秘密《ひみつ》がもれることはありません。

※QR《キューアール》コードは、ウェブサイトのアドレスが変《か》わるなどで読《よ》みこめないことがあります。その場合《ばあい》は、名称《めいしょう》で検索《けんさく》してください。

性《せい》暴《ぼう》力《りょく》のなやみ

性《せい》犯《はん》罪《ざい》・性《せい》暴《ぼう》力《りょく》被《ひ》害《がい》者《しゃ》のためのワンストップ支《し》援《えん》センター（内閣府《ないかくふ》）	TEL #8891《はやくワンストップ》 ※24時間対応《じかんたいおう》	近《ちか》くのワンストップ支援《しえん》センターにつながります。病院《びょういん》や警察《けいさつ》へのつきそい、カウンセリング、法律相談《ほうりつそうだん》など、性被害《せいひがい》に必要《ひつよう》な対応《たいおう》をすべて行《おこな》ってくれる施設《しせつ》です。
性《せい》犯《はん》罪《ざい》被《ひ》害《がい》相《そう》談《だん》電《でん》話《わ》（警察庁《けいさつちょう》）	TEL #8103《ハートさん》 ※24時間対応《じかんたいおう》	近《ちか》くの専門相談窓口《せんもんそうだんまどぐち》につながります。
Curetime《キュアタイム》（内閣府《ないかくふ》） チャット・メールのみ	https://curetime.jp/ ※午後《ごご》5～9時《じ》	デートDV《ディーブイ》などの性暴力《せいぼうりょく》のなやみを、匿名《とくめい》で相談《そうだん》できます。

被害《ひがい》を受《う》けたら「110番《ばん》」困《こま》ったときは警《けい》察《さつ》に連《れん》絡《らく》しましょう

ちかんにあったとき、SNS《エスエヌエス》に写真《しゃしん》がさらされたとき、「いやだ、困《こま》った」と感《かん》じたときには、警察《けいさつ》に相談《そうだん》しましょう。「こんなことで相談《そうだん》していいの？」と思《おも》うようなことが、実《じつ》は大《おお》きな事件《じけん》だったりします。警察《けいさつ》では、どんなことでも親身《しんみ》になって解決《かいけつ》の道《みち》をさがしてくれるので心配《しんぱい》ありません。おまわりさんはこわくありません。思《おも》い切《き》って話《はな》してみましょう。

弁《べん》護《ご》士《し》　上《かみ》谷《たに》さくら先《せん》生《せい》

困《こま》ったこと・なやみごとなんでもOK《オーケー》

24時間《じかん》子《こ》どもSOS《エスオーエス》ダイヤル （文部科学省《もんぶかがくしょう》）	TEL 0120-0-78310《なやみいおう》 ※24時間対応《じかんたいおう》	暴力《ぼうりょく》やいじめのことなど、困《こま》ったことがあったら、なんでも相談《そうだん》できます。
チャイルドライン チャットでも	TEL 0120-99-7777 ※午後《ごご》4～9時《じ》 https://childline.or.jp/chat/	18歳《さい》までの子《こ》どもなら、だれでもなんでも相談《そうだん》できます。
子《こ》どもの人権《じんけん》110番《ばん》 （法務省《ほうむしょう》）	TEL 0120-007-110 ※午前《ごぜん》8時《じ》30分《ぶん》～午後《ごご》5時《じ》15分《ふん》 ※一部《いちぶ》のIP《アイピー》電話《でんわ》からは接続《せつぞく》できない	いじめやデートDV《ディーブイ》、ぎゃくたいなど、学校《がっこう》や家《いえ》でのなやみをなんでも相談《そうだん》できます。
児童相談所相談専用《じどうそうだんじょそうだんせんよう》ダイヤル	TEL 0120-189-783《いちはやく おなやみを》	親《おや》や先生《せんせい》からの暴力《ぼうりょく》やいじめのことなど、困《こま》ったことが起《お》きたときに助《たす》けてくれます。

インターネットやSNS《エスエヌエス》でのなやみ

特定非営利活動法人《とくていひえいりかつどうほうじん》 ぱっぷす	https://www.paps.jp/ ホームページから メールか電話《でんわ》で相談《そうだん》できる	ネットにさらされた画像《がぞう》や映像《えいぞう》の削除請求《さくじょせいきゅう》に取《と》り組《く》んでいる団体《だんたい》。セクストーション、性的《せいてき》な盗撮《とうさつ》、リベンジポルノなどの相談《そうだん》にのってくれます。
違法《いほう》・有害情報相談《ゆうがいじょうほうそうだん》センター （総務省《そうむしょう》）	https://ihaho.jp/ ホームページから メールで相談《そうだん》できる	ネットにさらされた写真《しゃしん》や情報《じょうほう》を消《け》したい、いやな書《か》きこみをされたなどのネットトラブル専門《せんもん》の窓口《まどぐち》です。主《おも》に相談者自身《そうだんしゃじしん》が削除依頼《さくじょいらい》する方法《ほうほう》などを教《おし》えてくれます。

監修

良 香織　うしとら かおり

宇都宮大学共同教育学部准教授、一般社団法人"人間と性"教育研究協議会幹事、研究テーマは性教育、人権教育。著書に『人間と性の絵本4巻、5巻』（大月書店、2022年）、共編『実践　包括的性教育』（エイデル研究所、2022年）、『からだの権利教育入門幼児・学童編 生命の安全教育の課題を踏まえて』（子どもの未来社、2022年）など。

指導（五十音順）

遠藤 真紀子　えんどう まきこ

東京学芸大学附属世田谷中学校養護教諭。「生命の安全教育」では、講師に3名の専門家を招いた講演会を企画し、中学生とその保護者それぞれを対象に実施している。

上谷 さくら　かみたに さくら

弁護士（第一東京弁護士会所属）。犯罪被害者支援弁護士フォーラム事務次長。第一東京弁護士会犯罪被害者に関する委員会委員。保護司。

杉浦 恵美子　すぎうら えみこ

東京学芸大学附属世田谷中学校スクールカウンセラー。公認心理師。臨床心理士。修士（心理学）。

NPO法人ぱっぷす

「性的搾取に終止符を打つ」ことを目指して活動する民間団体。デジタル性暴力やAV産業などで受けた困りごとの相談支援、拡散した性的画像を削除要請する活動などを行う。

協　力……………… 一般社団法人Spring

表紙イラスト……… 佳奈
本文イラスト……… 冨田マリー
漫画イラスト……… ユリカ
デザイン…………… 株式会社モノクリ（神宮雄樹、荒牧洋子）
ＤＴＰ……………… 有限会社ゼスト
校　正……………… 齋藤のぞみ
編　集……………… 株式会社スリーシーズン
（奈田和子、土屋まり子、渡邉光里）

あなたの心と体を守る
性の知識 2 ～生命《いのち》の安全教育～
加害者・被害者・傍観者にならないために

発行　2025年4月　第1刷

監　修……………… 良 香織
発行者……………… 加藤 裕樹
編　集……………… 小林 真理菜
発行所……………… 株式会社ポプラ社
〒141-8210　東京都品川区西五反田3-5-8
JR目黒MARCビル12階
ホームページ　www.poplar.co.jp（ポプラ社）
kodomottolab.poplar.co.jp（こどもっとラボ）

あそびをもっと、まなびをもっと。
こどもっとラボ

印刷・製本………… 今井印刷株式会社

ISBN978-4-591-18497-4　N.D.C.368　39p　28cm

P 7268002

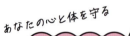

あなたの心と体を守る

性の知識 全3巻

〜生命の安全教育〜

監修 艮 香織

1 自分を守るために大切なこと

2 加害者・被害者・傍観者にならないために

3 つらいことがあったときに

小学校高学年〜中学生向き
セットN.D.C.368
A4変型判　オールカラー
各39ページ

図書館用特別堅牢製本図書